AF315600

MÉMOIRE

SUR

LA VIABILITÉ

DES CHEMINS VICINAUX

OU COMMUNICATIONS SECONDAIRES.

MÉMOIRE

SUR

LA VIABILITÉ

DES

CHEMINS VICINAUX

OU COMMUNICATIONS SECONDAIRES.

PAR M. DE BONAS,

COMMISSAIRE-SPÉCIAL-VOYER, ANCIEN AUDITEUR AU CONSEIL D'ÉTAT,
SOUS-PRÉFET DE L'EMPIRE.

Novembre 1834.

A AUCH,

IMPRIMERIE ET LIBRAIRIE DE L.-A. BRUN,
PLACE ROYALE.

1834.

MÉMOIRE

SUR

LA VIABILITÉ

DES

CHEMINS VICINAUX

ou communications agricoles.

PAR M. DE SOLAS,

ancien sous-préfet de Carcassonne,
conseiller général, membre de plusieurs sociétés savantes et agricoles, etc., etc.

A ALGER,

IMPRIMERIE ET LITHOGRAPHIE DE L. A. BRUN,

1851.

AVERTISSEMENT.

En publiant ce Mémoire où je n'ai consulté
que mon amour pour la viabilité vicinale, j'ai
toujours voulu être bref; car je suis l'ennemi des
écrits comme des discours inutiles. Je veux, si
la chose m'est possible, contribuer à faire disparaître ce dédale affligeant des nombreuses lois
rendues jusqu'à ce moment dans l'intérêt des
chemins communaux. En lisant ce court ex-
posé, on verra surtout que je regarde comme impossible dans son application ce qu'on nomme
Prestations en nature, que je propose de faire
remplacer par un léger impôt local. Mon but
est de tout simplifier, et de faciliter aux maires
et commissaires-voyers le moyen d'arriver à
d'heureux résultats. Le besoin d'une loi positive
et claire sur la viabilité des chemins vicinaux se
fait sentir impérieusement tous les jours. Il est,
en effet, peu de sujets plus importans, et qui

soient en même temps d'un intérêt si général. La loi du 28 juillet 1824 est jusqu'ici la régulatrice des communications secondaires, et c'est précisément cette loi que je propose d'annuler, pour faire place à une autre moins obscure et d'une plus facile exécution. Je lui fais le grave reproche d'être muette sous plusieurs rapports, et de faire naître, sans les aplanir, les nombreuses difficultés qu'elle soulève par les conflits qui se trouvent dans les attributions entre l'administration et l'autorité judiciaire.

Je reproche encore à la loi du 28 juillet 1824 de compliquer les rouages administratifs, et de la rendre inexécutable dans les communes rurales, qui sont, en général, administrées par d'honnêtes cultivateurs, mais que leur éducation met dans l'impossibilité de pouvoir lui donner les interprétations législatives dont elle est susceptible.

On verra, dans le cours de ce Mémoire, que je fais un appel au désintéressement des grands propriétaires, en proposant la création d'*un comité supérieur de vicinalité départementale*, présidé de droit par le préfet du département. Je propose que ce comité soit composé de six commissaires-généraux-voyers (pour le Gers), dont l'initiative du choix est laissée au préfet, qui les présente à la nomination du ministre de l'intérieur. Les fonctions de ces commissaires-généraux seraient toutes gratuites. Ils auraient un subordonné, avec appointemens, dans chaque canton, sous la dénomination d'agens-voyers-ordinaires. Le lecteur pourra remarquer que, dans le cours de ce Mémoire, je ne me suis point occupé de prévoir les objections qu'on pourrait me faire en faveur de la plus grande quantité de travail qu'on obtient par la prestation en nature, comparativement à une moins grande que mon système d'impôt de cinq centimes par franc (dont je parlerai) procurerait. Ce serait possible, à la rigueur ; mais comme les réparations vicinales se renouvellent annuellement, je répondrai à cela qu'il vaut mieux obtenir cent toises de chemin bien confectionnées par l'effet de l'impôt, en employant des ouvriers payés, plutôt que cent cinquante par celui de la prestation, qui seraient le résultat du travail de contribuables qu'on y appelle forcément et gratis, et dont les ouvrages se ressentent évidemment de l'impatience connue de la mauvaise volonté qu'ils y apportent. Il est de fait que les travaux exécutés par la prestation, sont tels, que très certainement l'administration des ponts et chaussées ne les recevraient pas. Il n'en serait pas de même avec des ouvriers salariés qu'on ferait travailler dans toutes les règles de l'art.

Je prie le lecteur de me pardonner, si j'insiste avec force sur le soulagement que procurerait

aux contribuables mon système d'un impôt minime et pour ainsi dire inaperçu, au lieu de celui
de la prestation en nature. C'est là le but principal de mon Mémoire, c'est-à-dire, mon *idée fixe*.

MÉMOIRE

SUR

LA VIABILITÉ

DES CHEMINS VICINAUX

OU COMMUNICATIONS SECONDAIRES.

Par conviction comme par goût héréditaire, j'ai toujours éprouvé une propension déterminée pour tout ce qui a trait à la viabilité ; je me rappelle que dans les années qui chez moi précédèrent celles de l'adolescence, mes occupations presque journalières, dans les momens qu'on accordaient aux récréations d'usage, se portaient par l'effet d'un entraînement non raisonné à faire de petits chemins autour du foyer paternel. Ce penchant invincible s'est fortifié chez moi avec l'âge, et il a pris un accroissement considérable, lorsque l'expérience progressive m'a fait sentir toute l'importance des communications en général. Ce goût si positif a encore acquis un haut degré de développement par l'exemple que m'a donné mon père, à qui une portion de l'arrondissement de Condom est redevable de la création et de la confection de plusieurs routes départementales et chemins communaux. Il exerça en effet en 1810 et 1811 les fonctions de commissaire-général-voyer, avec ce zèle éclairé et ce dévouement désintéressé dont son âme était si susceptible; on doit à sa mémoire d'ajouter que rien de ce qui était grand et généreux ne lui fut étranger. L'opinion publique, et surtout ceux qui l'ont particulièrement connu, comprendront facilement ce faible hommage rendu par la piété filiale.

Après ce court exorde, je vais me permettre d'entrer en matière. Je réclame d'avance l'indulgence du lecteur. Si ce mémoire ne peut capter son attention, je le prie du moins de m'accorder sa bienveillance en faveur de mes bonnes intentions.

Dans ce mémoire, je ne m'occupe pas de la partie contentieuse relative à la vicinalité publique, et je ne parle que superficiellement des réglemens administratifs qui ont paru sur cette matière. Je ne suis pas homme de loi. Cette ignorance où je dois être des parties organiques de ces régulatrices des peuples (les lois) m'ordonne de m'abstenir d'entrer dans leur plus ou moins bonne confection sous le rapport législatif; mais seulement d'émettre mon opinion sur la bonne ou mauvaise application de celles qui jusqu'ici ont parlé du perfectionnement de la vicinalité

publique. L'action de la justice a des droits si imprescriptibles qu'il est inutile de les rappeler. Je
préviens le lecteur que je ne traite que des
moyens physiques ou matériels d'arriver à de
bons résultats de viabilité, et de faire en sorte que
ma faible voix soit entendue pour faire simplifier
et réduire à leur plus simple expression ces mêmes moyens d'exécution dont jusqu'ici les nombreuses lois et réglemens interprétatifs ont paralysé, selon moi, l'application à cause de leur
complication. Il paraîtra peut-être extraordinaire
qu'un citoyen ignoré ose, du fond de sa campagne, faire entendre de tels accens; mais je m'em-
presse de dire au public que le rôle de réforma-
teur me fut toujours en horreur. Personne, plus
que moi, n'éprouve le besoin de rendre aux auteurs des diverses lois qui ont paru sur la viabilité publique les éloges que méritent les talens
dont il ont fait preuve. Ce qui peut captiver
de la part du lecteur étonné quelque indulgence en ma faveur, c'est la persuasion où je
suis (à tort peut-être) qu'on peut posséder
dans son cabinet, avec un génie tout particulier,
la connaissance de ce qu'on croit bon et utile;
mais je pense que dans la question que je traite,
la partie morale et scientifique ne suffit pas; il
faut aussi, pour y réussir, une expérience toute
particulière dans l'art d'ouvrir et de perfectionner les diverses communications. Il faut enfin

consulterles localités, c'est-à-dire la nature du pays à parcourir, et ne pas craindr des prolongemens lorsque ces localités l'exigent dans l'intérêt de la vicinalité, la sûreté, et la tranquillité du voyageur.

Je viens de dire que mon intention n'était pas de m'occuper de la partie législative et contentieuse en fait de viabilité, c'est-à-dire des rapports de juridiction qu'elle fait naître près les préfets et conseils de préfecture. Je ne parlerai pas d'avantage de cette masse de réglemens administratifs qu'il a fallu que chaque préfet rendît selon les pays qu'il administrait, lesquels ne sont et ne peuvent être que des arrêtés interprétatifs de la loi du 28 juillet 1824, et de celles qui l'on précédée. Cependant je dois dire que la loi organique municipale ne saurait rendre trop claires et trop précises les questions sur lesquelles les maires et conseils municipaux auraient à prononcer. Parmi elles se trouve principalement la classification par tableaux dressés par le maire des chemins jugés propres à être conservés, et ceux dont la vétusté et leur peu d'importance doivent les faire rendre à l'agriculture; c'est dans leur utilité pour l'usage du public que réside tout entière, quant aux premiers, la question de leur conservation et de leur amélioration. Il est un autre objet non moins essentiel qui doit fixer de même l'attention des maires et conseils municipaux; c'est la direction ainsi que la largeur plus ou moins grande à leur donner. Tout dépend, je le répète, de leur degré d'utilité, et je regarde comme indispensable que l'agent-voyer-ordinaire du canton soit appelé à concourir dans chaque commune à ladite classification des chemins dont il a été fait mention ci-dessus. C'est le seul moyen qu'ils puissent s'y reconnaître lors de l'époque des travaux. Ce travail, une fois fait, sert pour plusieurs années, à moins que postérieurement on ne reconnaisse comme utile d'ouvrir de nouveaux chemins. Je n'ai pas besoin d'ajouter que toutes les délibérations prises par les conseils municipaux doivent être soumises aux sous-préfets des arrondissemens; ces derniers feraient leurs rapports motivés aux préfets, en émettant leurs opinions et discutant la partie contentieuse. La reconnaissance de la classification des chemins communaux, constituant par le fait des actes administratifs, se trouve exclusivement dans les attributions des préfets qui sont de droit les hauts répartiteurs des charges municipales.

On pourra consulter, si l'on veut être fixé sur les réglemens interprétatifs de la loi du 28 juillet 1824, l'instruction adressée le 10 décembre 1824 par M. le préfet du Gers aux maires et conseils municipaux de son département. Ce fonctionnaire tiré de ce dédale tout le parti possible, en présentant, avec autant de clarté que de talent de rédaction, l'analyse raisonnée de cette loi.

Mais il reste toujours une grave question à résoudre et dont l'absence de fixité fait journellement le désespoir des maires et agens-voyers. Je veux parler de la nullité des moyens à employer pour rendre ou faire donner aux chemins vicinaux, soit la largeur primitive voulue par l'arrêt du conseil du 18 avril 1671, soit pour forcer les riverains à fournir le terrain nécessaire pour arriver à cet élargissement. Comment en effet y parvenir, si la commune est pauvre, puisque les nouvelles lois d'une philantropie si protectrice veulent qu'au préalable on indemnise les propriétaires, à moins qu'on ne leur prouve (ce qui est souvent impossible), qu'ils ont empiété sur la voie publique. Comme dit le proverbe, le papier supporte tout. Mais il est plus facile, je le répète, de faire d'heureuses phrases dans un cabinet, que de procurer à une commune sans revenu de quoi parer aux indemnités que réclament impérieusement, et avant tout, la majeure partie des propriétaires de la campagne qui, j'ose le dire, n'aiment pas en général à se dépouiller de la moindre parcelle de terre pour un bien à venir. Ces braves gens vous disent que leurs pères ont vécu sans chemins, et regrettant la moindre concession, ne font point attention qu'ils placeraient ces sacrifices du moment à un intérêt bien avantageux. Mon impartialité m'ordonne d'ajouter que les plus pauvres sont les moins récalcitrans, et par conséquent les plus accommodans.

Je sais bien qu'on dira de procéder à une expropriation pour cause d'utilité publique, j'en conviens; mais grand Dieu! dans quel labyrinthe une commune va-t-elle entrer? On sait que ce moyen extrême est d'autant plus pénible à employer qu'il entraîne après lui, non seulement beaucoup de délais, et de plus des dépenses en avances de frais, auxquelles les communes pauvres ne peuvent suffire.

Ce qui m'autorise à tenir ce langage ainsi qu'à me plaindre de la complication qui règne dans cette loi, c'est ce qui vient d'arriver à l'audience d'une chambre civile du tribunal de Paris, le 31 août dernier. Le jury spécial est entré en séance à une heure après midi et n'est sorti qu'à deux heures du matin. C'est pour la seconde fois que ce jury est appelé pour des motifs d'expropriation forcée pour cause d'utilité publique. Les débats ont évidemment prouvé que cette loi (comme toutes celles qui se ressentent de la précipitation qui a présidé à leur création), présente de nombreuses lacunes et des longueurs interminables. Son exécution est très délicate, si même elle n'est impossible, ou du moins dangereuse, par la perte du temps qu'elle fait éprouver pendant le litige à son application en faveur de la vicinalité.

Je puis encore entretenir le lecteur d'un autre moyen que donne la loi et dont j'ai parlé; c'est celui de faire constater qu'il y a eu empiètement; mais comment y réussir, puisque la loi se tait sur la marche à suivre pour y parvenir? Comment en effet faire des enquêtes, si les arbres (ces témoins muets) qui bordent le chemin usurpé ont déjà atteint une certaine grosseur. Il vous sera de même impossible d'interroger les vieillards qui vivaient à l'époque de l'usurpation, si la tombe est devenue leur dernier asile.

Je ne vois qu'une seule manière d'agir pour trancher la question, si du moins l'on veut en finir et éviter les procès, la voici : les communes qui n'ayant aucun revenu veulent cependant parvenir à obtenir l'élargissement de leurs chemins, et qui sont dans l'impossibilité de constater quels sont les coupables d'empiètement, alors, dis-je, les maires doivent vérifier avec attention quels sont ceux où existent encore de vieux arbres, et ceux des côtés dont la plus haute élévation des tertres ont dû nécessairement rétrécir les chemins par l'effet des éboulemens successifs. Il est évident que c'est au détriment de ces monticules que doit s'opérer le déblai pour arriver à l'élargissement qu'on se propose.

Lorsque un chemin communal est rétréci des

deux côtés, c'est-à-dire qu'il n'a plus la largeur primitive voulue par les anciennes ordonnances (18 pieds dans œuvre ou d'horizon), qu'il soit situé dans une plaine ou sur un terrain uni, alors rien de plus simple à faire que d'établir un jalon au milieu du chemin tel qu'il est, et de prendre à droite et à gauche une égale largeur pour parfaire celle qui est utile et fixée par la loi. Je raisonne dans l'hypothèse que nulle indemnité ne sera accordée à ceux qui ont positivement empiété sur la voie publique, et c'est ce que je désire bien ardemment. Il va sans dire que ceci ne s'applique pas aux chemins ou routes à ouvrir; dans ce cas, l'indemnité est due de rigueur. Si, dans le cas contraire, la nouvelle loi municipale qu'on nous annonce pour la première session législative persiste, à l'exemple de celle du 28 juillet 1824, à accorder une indemnité aux coupables d'envahissement pour les payer du terrain qu'on leur reprendra, il est évident que ce sera enhardir pour l'avenir l'empiètement des routes, ce à quoi malheureusement les habitans des campagnes ne sont que trop disposés. Pour arriver à ce résultat si indispensable de plus en plus, j'ose dire avec confiance à nos législateurs que cette loi doit prononcer avec une intime conviction que, vu les envahissemens déjà faits, les terrains déclarés nécessaires par une délibération du conseil municipal pour rendre aux chemins de la commune leur première largeur (fixée par arrêt du conseil du 18 avril 1671), ne seront point payés. S'il en est différemment, je déclare cette opération impraticable, faute (dussé-je le répéter jusqu'à satiété) aux communes pauvres d'avoir les fonds suffisans pour payer un bien si mal acquis. Cette loi, disons-le avec franchise, ne saurait paraître injuste ni spoliatrice, puisqu'il est plus que prouvé que les riverains ont presque partout empiété sur la primitive largeur des chemins communaux.

J'attends donc avec un véritable espoir qu'il plaise à ceux que notre confiance a honoré de la députation à la chambre élective de donner assez de pouvoirs à un maire pour exiger une cession quelconque de terrain, afin d'élargir les chemins, si la commune qu'il administre ne jouit pas d'un revenu suffisant. Oui, les lois sont muettes dans cette fatale circonstance, et je ne balance pas à dire que ce silence est celui de la mort pour la bonne viabilité. Qu'on me pardonne de répéter souvent ce mot de *viabilité*, car vu le sujet que je traite, il serait difficile d'éviter une telle répétition.

Il est un fait qui malheureusement n'offre aucun doute; c'est que jusqu'ici l'inertie des communes en général a paralysé toutes les prévoyances et les indications des différentes combinaisons et réglemens des lois qui ont été ren-

dues dans l'intérêt des communications secondaires. On a voulu essayer de tous les moyens,
pas un n'a réussi. La grande raison, selon moi,
se trouve (pour ajouter à ce que j'ai déjà dit)
dans la trop grande multiplicité des lois et arrêtés relatifs à cette branche d'administration,
ainsi que dans leur complication; plus encore la
faiblesse des moyens coërcitifs donnés aux maires
et autres agens intermédiaires; je veux dire les
commissaires-voyers, ou surveillans, etc.; avec
de telles armes, tout est lent et inefficace. La loi
du 28 juillet 1824 veut que les poursuites en matière de prestation en nature soient les mêmes
que pour la rentrée des contributions directes.
C'est réellement une chimère qu'une telle marche à suivre de la part de l'autorité locale, qui cependant aurait le droit, sans exigence, d'attendre
de leurs pénibles soins de plus heureux résultats.

Il est positif qu'un contribuable égoïste et de
mauvaise volonté (ce qui n'arrive que trop souvent) peut impunément désobéir aux ordres du
maire, parce qu'il n'ignore pas qu'il lui faut d'a-
bord un avertissement gratis envoyé par le percepteur, lequel maintes fois n'est présenté, faute de
garnisaire, que plusieurs mois après la désobéissance; il sait en outre, ce mauvais citoyen, que le
percepteur est encore tenu, s'il persiste (avant de
lui faire de rechef une sommation), de lui envoyer
un second avertissement d'une somme tellement

minime (2 sous), qu'il peut, à son aise, se moquer de l'ordre qu'il a reçu d'aller travailler ou faire travailler à sa tâche. En supposant que ce récalcitrant obtempère enfin aux ordres de l'autorité locale, il se sera écoulé au moins la moitié de l'année, et une portion de la voie publique n'aura reçu aucune amélioration. Une fatalité est encore attachée à ce mode de sommation de la part du percepteur dont la conduite est fort difficile à tenir dans l'application de la loi, si du moins il voulait s'y conformer : comment vouloir, en effet, qu'un malheureux percepteur (que le calcul de ses chiffres abserbe, ainsi que ses courses presque journalières en recouvremens chez les contribuables) puisse trouver assez de temps pour faire tous les extraits de rôle à envoyer à chaque habitant, passible de la prestation en nature; ne faut-il pas qu'il tienne en même temps un registre pour les émargemens, un autre pour recevoir la déclaration de ceux qui veulent se libérer en argent. A ce dédale, ajoutez celui non moins grand de tenir un compte exact de tous les retardataires, qui lui auraient été désignés par les maires, avec les notes de ceux à qui il aura envoyé le garnisaire. Il faut encore qu'il tienne un rôle très en ordre, qui devra exprimer à l'article de chaque contribuable la quantité de journées requises dans la limite voulue par la loi, plus leur valeur en argent. Il y a, surtout dans l'instruction ministérielle du mois d'octobre 1824, une série de formes à remplir par le percepteur, dont il est superflu, vu leur extrême longueur, que je parle : car il lui devient de toute impossibilité de les observer. Non, je le répète, cela ne peut aller ni rester ainsi; il lui faudrait une nuée de commis pour tenir sa comptabilité dans les formes voulues, sans oublier de dire que ses émolumens ne pourraient suffire à toutes les dépenses. Cette marche si compliquée n'est évidemment que la suite de cette malheureuse manie de la bureaucratie qui inonde la France, depuis qu'il y a dans les hautes administrations de la capitale ce qu'on appelle vulgairement des *faiseurs*, qui veulent (dans leur seul intérêt) se mettre en évidence, croyant se rendre indispensables à la marche des affaires, comme à la gloire du souverain.

Je ne puis me dispenser d'ajouter qu'il existe un autre inconvénient attaché à cette absence de moyens d'action envers les mauvais contribuables en prestation : je veux parler du funeste exemple donné aux autres citoyens inscrits sur la matrice du rôle, lesquels, voyant les faibles ressources de répression que la loi donne contre les retardataires, imitent avec empressement cette pernicieuse désobéissance.

Mon opinion est donc que c'est dans la loi municipale qu'on prépare, dit-on, que doit se trouver renfermée celle des chemins vicinaux, n'importe

**

leur dénomination ou classement. J'ai parlé de leur dénomination; c'est que ce n'est que depuis peu de temps que, dans ce département, on a établi une communication intermédiaire qu'on appelle *routes cantonnales*, c'est-à-dire, allant d'un chef-lieu de canton à un autre. Je désire que la loi municipale, que nous attendons avec une juste impatience, rende cette nouvelle classification applicable à toute la France.

Faute de moyens coërcitifs dont je me plains avec tant de raison, les routes secondaires n'ont reçu quelques améliorations que dans les communes administrées par un maire énergique, plein de bonne volonté, et jouissant parmi ses administrés d'une grande influence personnelle. En effet, c'est par le seul ascendant de ces fonctionnaires que les chemins vicinaux ont été un peu réparés, mais ces améliorations sont bien loin de suffire aux pressans besoins que demandent, en général, la plupart des routes cantonnales et chemins communaux; il est donc urgent et même indispensable, d'après ce que je viens d'annoncer avec toute vérité, d'augmenter les moyens d'exécution à donner aux agens quelconques, chargés de surveiller la confection des travaux de la vicinalité. Je prie le lecteur de me pardonner encore quelques répétitions à cet égard; mais je suis commissaire-voyer depuis huit ans, et j'enrage, c'est le mot, de voir que, si j'obtiens quelques réparations

des contribuables par la prestation en nature,
c'est à force de sollicitations et de bons exemples,
c'est-à-dire, en triplant annuellement la quotité
de prestation qui m'est assignée dans le rôle
dressé par le conseil municipal de ma commune.
On me ferait une injure de croire que ce n'est
qu'à regret que je me rappelle les sacrifices vo-
lontaires que je fais à la vicinalité publique; mais
je n'en parle que pour prouver que je suis dénué
de moyens nécessaires pour faire seconder mon
zèle d'une manière positive et légale.

Si vous voulez avoir de bons chemins, ayez
avant tout une bonne loi les concernant, plus de
bons maires, de bons conseils municipaux, ainsi
que des commissaires-voyers remplis d'activité
et sachant faire des sacrifices pécuniaires à propos.

Jusqu'ici, aucune marche possible n'a été
donnée aux administrations. Tout est longueur
et insuffisance. Les lois du 28 juillet 1824 et
autres, toutes filles de celle du 6 octobre 1791,
manquent évidemment d'énergie. Il est facile de
se convaincre que, par leurs seules applications,
peu d'améliorations importantes ont eu lieu; et
comment pourrait-il en être autrement, puisque
ces lois n'ont en général ni clarté ni force d'action; n'offrant au fait que des réglemens d'une
logique abstraite et compliquée. J'observe de
nouveau que je ne veux critiquer ni les intentions

de leurs auteurs, ni la partie législative de ces lois; leur rédaction annonce des hommes de talent, mais je le répète sans cesse, elles manquent d'énergie et de vie dans les moyens d'exécution qu'elles offrent. Je pense que ce qui a beaucoup ajouté à la complication de ces lois, c'est le scrupule poussé trop loin, peut-être, pour le respect de la propriété. Toute considération particulière doit disparaître dans une loi, lorsqu'elle s'occupe surtout d'intérêts qui touchent aux besoins journaliers de la société. Chacun de ses membres individuellement lui doit sa part relative de sacrifices dans cette circonstance, avec d'autant moins de regrets qu'il est évidemment démontré que les terrains qn'elle veut faire payer ont été usurpés sur la voie publique. Me serait-il permis d'ajouter que dans la confection de la loi municipale, cette question de viabilité publique devrait avoir son côté politique, ce qui mériterait par conséquent une sérieuse attention de la part du législateur.

Il n'est malheureusement que trop à remarquer que la question qui regarde les chemins vicinaux a fait naître beaucoup de difficultés qui ont même dépassé celles bien moins nombreuses des routes royales et départementales. Nous devons regretter l'absence des dispositions législatives et des réglemens d'administration à leur égard, soit pour créer de nouvelles voies, soit pour l'entretien de celles qui existent déjà. Les lois des 6 octobre 1791, 11 frimaire an 7, 28 pluviôse an 8, et du 28 juillet 1824, nous ont démontré d'une manière bien positive combien leur système organique était loin d'atteindre le but qu'elles se proposaient; chaque jour en effet les difficultés augmentent par la mobilité et les changemens dont elles sont les causes. Le gouvernement consulaire, pour suppléer à ces graves inconvéniens d'instabilité (que l'expérience des siècles nous apprend être le plus grand fléau d'un état, puisqu'il ruine l'édifice du corps social), pour y obvier, dis-je, les consuls rendirent un arrêté, le 4 thermidor an 10, qui autorisa les communes à employer le funeste moyen de la prestation en nature, comme devant remplacer l'insuffisance des revenus communaux sur lesquels devaient se prélever les dépenses nécessaires à l'établissement et à l'entretien des chemins vicinaux. Voilà donc l'origine et les causes de ce malheureux système; il prouve du moins que j'ai raison d'en demander la suppression, comme on va le voir, car il n'a été établi que comme accessoire supplétif, en l'absence des revenus des communes. Je regarde donc comme une vraie calamité cette prestation en nature, dont incessamment je vais prouver l'impossibilité dans sa mise à exécution.

D'un autre côté, je reproche sérieusement à nos hommes d'état de ne s'être souvenus que trop tard de l'amélioration des chemins vicinaux. Ils ne pouvaient ignorer cependant que les progrès de l'agriculture (si justement appelée la mère nourricière des peuples), ainsi que ceux de l'industrie (cette déesse exclusive du jour) tiennent essentiellement à la bonne organisation des communications secondaires; l'agriculture principalement (seule hypothèque de la richesse nationale) lui devrait ses débouchés, et elle donnerait une louable émulation, ainsi qu'une favorable impulsion au laborieux agronome, en lui faisant augmenter les produits de son sol.

Il suit de tout ce que je viens d'exposer que l'application de la prestation en nature est comme impossible, faute de moyens d'action pour forcer les contribuables à se rendre au lieu désigné pour y exécuter, ou faire exécuter le travail que comporte les tâches à eux assignées, et dont le prix se trouve dans les évaluations données aux unités par les délibérations des conseils municipaux. Je suis plus que convaincu que le seul moyen d'arriver à de bonnes et promptes réparations sur les voies publiques secondaires, c'est de remplacer le *roman appelé prestation en nature* par un impôt local fixé par la loi. Cet impôt devrait être au moins de *cinq centimes* par franc, si l'on veut se procurer les fonds nécessaires pour les réparations ordinaires. On aurait tort de croire que cette taxe de cinq centimes serait trop élevée, car l'impôt direct dans les communes rurales, se monte l'une dans l'autre à environ *six mille francs*, ce qui donnerait la faible somme de *trois cents francs*, pour remplacer la prestation dont le chiffre est plus élevé, vu le prix donné en général aux unités par les conseils municipaux. Je dois observer encore que ma proposition n'a rien qui doive surprendre, n'étant au fait qu'une application de l'article 4 de la loi du 28 juillet 1824, qui veut, par imitation de l'arrêté des consuls ci-dessus cités, qu'en cas d'insuffisance des moyens de prestation en nature, ou bien de revenus communaux, il pourra être perçu sur chaque contribuable jusqu'à *cinq centimes additionnels*, au principal de ses contributions directes. Ma demande ne peut que paraître bien raisonnable, puisque cette même loi, jusqu'ici régulatrice sous ce rapport, autorisait l'addition des cinq centimes, comme un moyen subsidiaire qui ne devait être employé ainsi que je l'ai déjà annoncé, qu'autant que les revenus des communes et le maximum de la prestation en nature ou en argent seraient épuisés. On voit donc que je propose comme impôt *exclusif* ce que jusqu'ici la loi regardait comme moyen *accessoire* et supplémentaire, seulement j'y vois une marche sûre, uniforme, et très simple dans son exécution.

Je prie le lecteur d'observer que je ne demande que le simple impôt de cinq centimes, et que par conséquent je cherche à alléger le fardeau qu'auraient à supporter les communes; car, je le répète, la loi du 28 juillet 1824 ne considérait ce prélèvement que comme un accroissement de moyens en cas d'insuffisance de revenus communaux, et de la prestation. Je trouve cette partie de la loi beaucoup trop sévère, et c'est ce vice même d'exigence qui fait que la plupart des maires n'osent pas proposer aux conseils municipaux de la mettre à exécution. Il est en effet bien pénible pour une commune, (remplie d'ailleurs de bonne volonté) qu'après avoir épuisé tous ses revenus et travaillé manuellement avec zèle à la confection de ses tâches, on exige encore d'elle un accroissement d'impôt de cinq centimes par franc. Il suit donc de tout ce que je viens de dire, que mon but est le soulagement des contribuables, et qu'au lieu de deux charges à supporter, je ne demande que la plus simple et celle qu'on oublie le plus aisément. Si néanmoins ce prélèvement de cinq centimes ne pouvait suffire aux réparations qu'exigeraient le mauvais état des chemins dans une commune, alors je demanderai que la loi nouvelle continuât à autoriser que, sur la demande du maire au conseil municipal, ce dernier en délibérât, et s'il le jugeait utile, il en référât au préfet du département, lequel, après avoir pris l'avis de son conseil de préfecture, imposerait d'office

cette commune, pourvu toutefois que cette nouvelle imposition ne dépassât pas dix centimes,
c'est-à-dire le double de l'impôt ordinaire. Les
conseils municipaux, de leur côté, ne devraient
par conséquent rien demander au-delà de ce
chiffre. Avant d'établir ces nouveaux dix centimes additionnels, le préfet pourrait, s'il le jugeait
à propos, et pour éclairer sa religion, ordonner
à l'inspecteur de l'arrondissement et aux agens-
voyers-ordinaires de se transporter sur les lieux,
et lui en faire un rapport détaillé qui lui serait
transmis directement par l'inspecteur-général. Je
propose ce mode comme moyen d'accélération,
en évitant des longueurs de correspondance. Il
est bien entendu que pour imposer et recouvrer
ce supplément de cinq centimes, on y procéde-
rait comme pour les premiers, c'est-à-dire qu'il y
serait consacré par les percepteurs un chapitre
spécial dans un budget séparé. Je n'ai pas besoin
d'ajouter que, dans aucun cas, on ne pourra
détourner l'application de ces fonds extraordi-
naires, qui seront exclusivement réservés pour
les réparations et les améliorations des chemins
vicinaux dans la commune imposée.

Je ne balance pas à dire que la nouvelle loi sur
la viabilité vicinale serait sage et prudente de
donner aux préfets le pouvoir de suppléer aux
votes négatifs des communes, si le cas arrivait
où l'impôt extraordinaire de dix centimes serait

jugé indispensable par lui ou par le rapport que lui en feraient les agens-voyers généraux et ordinaires, à l'effet de faire travailler à d'urgentes réparations, pour lesquelles l'impôt ordinaire ne suffirait pas. Au reste, je ne fais que reproduire en partie l'article 6 de la loi du 28 juillet 1824.

Je m'attends que peut-être les philosophes de cabinet vont entrer en émoi à la lecture de mon plan, qui est beaucoup moins sévère que la loi précitée. Je dirai à mon tour à ces philosophes (qui n'ont jamais habité que les grandes villes), qu'il ne suffit pas de faire des lois d'un style pompeux et sonore, mais qu'avant tout il faut chercher de bons résultats, que je considère comme la meilleure logique. J'ajouterai encore à l'appui de mon nouveau système d'impôt, en remplacement de la prestation en nature, que l'on obviera à un bien grave inconvénient en s'assurant que toutes les communes du royaume travailleront à la réparation annuelle de leurs chemins vicinaux, tandis qu'il y en a un nombre considérable qui n'y ont absolument rien fait. Je ne crois pas me tromper en ajoutant aussi qu'il y a en France plus d'un département qui, pour le même motif, que je puise dans le cahos des lois sur la vicinalité, n'ont apporté aucune espèce d'amélioration dans leurs communications secondaires. Il est malheureux d'ajouter qu'elles sont totalement perdues dans quelques-uns de ces départemens,

faute, par les habitans, d'avoir mis une négli-
gence aussi funeste que coupable dans les réparations voulues et ordonnées sans doute dans leur
localité.

Il existe encore en faveur de ma demande de
l'impôt de 5 centimes (qui fait, je le déclare, le
principal sujet de ce mémoire), un motif puissant
que la prestation en nature ne pouvait remplacer; je veux dire que lorsque la bonne confection
d'un chemin exige des travaux d'art, tels que
ponts, pontceaux et aquéducs, il faut de toute
nécessité que ces sortes d'ouvrages soient faits
par des ouvriers spéciaux qu'on ne peut payer
qu'en argent monnoyé; il est aussi tels terras-
semens, déblais et remblais qui seraient mal
faits si on n'y employait pas des hommes exercés
à ce genre de travail.

Je ne puis me rendre raison d'une opinion
émise à la tribune législative par M. le ministre
de l'intérieur lors de la discussion des articles de
la loi du 28 juillet 1824. Ce ministre invitait la
chambre à ne pas laisser aux conseils municipaux
la faculté d'établir l'imposition extraordinaire des
5 centimes en remplacement de la prestation en
nature, parce que, disait-il, il lui paraissait évident qu'ils donneraient la préférence à la prestation en argent, vu qu'ils sont intéressés à ne pas
fournir des prestations en nature qui retombent
sur les habitans. M. le ministre de l'intérieur,

lorsqu'il tint ce langage, tomba dans une bien grande erreur; il ne connaissait pas assurément l'esprit de localité, des campagnes surtout. Je suis à même, depuis long-temps que j'exerce les fonctions de commissaire-voyer, de savoir aussi bien que personne que c'est précisément tout le contraire, car l'habitant des communes rurales préfère assurément faire sa tâche de ses mains que d'en venir à un déboursement, pour si minime qu'il soit. Cependant je suis convaincu qu'il finira par s'habituer progressivement à l'impôt que je propose, et cela d'autant plus facilement qu'il reconnaîtra qu'il y a un profit assuré pour lui, soit parce qu'il ne sacrifierait plus son temps à travailler sur les chemins, soit qu'il ne s'exposerait plus à estropier ou a perdre même quelques-uns de ses animaux d'atelage.

Pour revenir à la discussion relative à la loi du 28 juillet 1824, je dirai que le ministre ne fit ses observations et ne demanda le maintien des mots : « *En cas d'insuffisance des moyens ci-dessus*», que parce qu'un député présenta un amendement conçu en ces termes : «*indépendamment des moyens ci-dessus.*» Après avoir insisté préalablement à ce qu'on donnât la préférence à son opinion, ce mandataire voulait à coup sûr la prestation en nature avec toutes ses conséquences relatives aux personnes, bêtes de charge ou de trait, que contenait le projet de loi. Il est permis de dire que les manifestations énoncées par ce député annonçaient de louables intentions de sa part, et qu'il voulait, comme moi, arriver à des résultats utiles à la vicinalité. Son amendement fut malheureusement rejeté. Cette polémique entre le ministre et le député est toute à l'appui de la nouvelle loi que je provoque de tous mes moyens, et c'est pourquoi je l'ai reproduite. Elle lève en effet toutes les difficultés et n'offre à l'administration, quelquefois méticuleuse par le désir de bien faire, aucune interprétation équivoque, ce qui pourrait apporter des retards toujours nuisibles dans son exécution.

Un vieux adage dit avec raison, qui veut la fin veut les moyens. Je demanderai à qui de droit si l'on veut ou non perfectionner en France la viabilité secondaire; alors abandonnons ces lois dictées (avec talent sans doute), mais empreintes d'une philosophie mal entendue, et sans se jeter dans d'odieuses oppressions, offrons aux autorités et à leurs agens des moyens coërcitifs suffisans, tels par exemple que de renouveler en partie ceux existans sous l'empire, qui donnaient aux maires et commissaires-voyers le droit d'envoyer à domicile chez un retardataire connu par sa mauvaise volonté un garnisaire, à raison de 3 francs par jour, tant que durerait sa désobéissance; cette amende pourrait, en cas

de récidive, être portée a 5 francs. Pour adoucir
ce qu'on croirait trouver de trop précipité dans
l'application de cette amende, je proposerais de
faire signer conjointement le billet ou ordre
donné au garnisaire, par le maire, le commissaire-voyer et le plus ancien d'âge du conseil
municipal, qui en délibéreraient ensemble avant
d'en faire l'envoi. Le lecteur trouvera peut-être
extraordinaire que je propose un tel moyen qui
semblerait annoncer la continuation de la prestation en nature dont je demande l'abolition.
Mais c'est chez moi un acte de prudence et de
prévoyance, dans le cas où ma demande ne serait pas écoutée; si je ne puis obtenir gain de
cause, du moins qu'on donne, je le répète, à
ceux chargés de faire exécuter cette loi des
moyens positifs et non illusoires pour se faire
obéir. Voilà le motif louable de cet article qui
n'est pas un hors d'œuvre, comme on pourrait
le croire, pour prouver que c'est toujours une
calamité, lorsque les lois ne donnent pas à ceux
chargés de leur exécution des moyens d'action
suffisans. Je demanderai au public si, depuis
1811, (apogée de l'énergie administrative de
l'empire), nous avons vu exécuter sur les chemins vicinaux d'aussi grandes réparations qu'à
cette époque. Cependant il est de toute justice
de payer aux préfets que nous avons eu dans le
département depuis 1814 le tribut d'éloges que

méritent le zèle éclairé et la sollicitude vraiment
paternelle qu'ils ont déployés pour l'amélioration des communications secondaires. S'il y a un
calme dans cette partie du service, la faute en
est seule dans la loi du 28 juillet 1824 qui a paralysé pour ainsi dire leur amour du bien par l'insuffisance où elle les laisse d'agir avec une véritable énergie. Je remplis avec un bien vif empressement le devoir que m'impose l'auguste
vérité, en faisant connaître à mes lecteurs que
le département du Gers est, je crois, (sauf erreur), à la tête de ceux du royaume qui ont le
plus ardemment travaillé à établir, réparer et
entretenir leurs communications secondaires.
Un si bon exemple n'a rien chez nous qui doive
surprendre, quand on se rappellera que c'est l'illustre M. d'Étigny qui prit seul l'initiative; en
créant par un zèle infatigable d'immenses communications qui lui doivent l'existance, sa mémoire est telle qu'elle est ineffaçable dans l'esprit des administrateurs comme dans celui des
administrés.

Il est naturel de dire que les maires ou adjoins
feraient exécuter conjointement avec les commissaires généraux et agens-voyers, dont il va être
parlé, les travaux délibérés par les conseils
municipaux assemblés exclusivement à jour fixe
par la loi à cet effet. Les prix des journées seraient
versés entre les mains du maire (sur un mandat

de ce dernier au percepteur), qui payerait les ouvriers par lui appelés au fur et à mesure de l'exécution des travaux achevés. L'autorité locale et les autres agens auraient alors des moyens suffisans pour activer les travailleurs, en les renvoyant, ou les suspendant quelques jours s'ils ne remplissaient pas leurs engagemens. Voilà, je crois, la marche la plus simple et la plus active pour faire de bons ouvrages. Il est utile dans l'intérêt d'une dépense bien ordonnée que les journées ne fussent payées que sur un certificat de l'agent-voyer-ordinaire du canton, qui déclarait recevable la confection desdits ouvrages. Je préviens le lecteur qu'il verra ci-après, au chapitre des agens-voyers, que ceux des cantons (qui tous seraient salariés) devraient faire de fréquentes tournées pendant la saison où l'absence des travaux agricoles permettra de s'occuper des réparations à faire aux chemins vicinaux; d'ailleurs les maires auraient le droit incontestable de les requérir pour faire leur déclaration d'inspection desdits travaux, et savoir si les ouvriers méritent de toucher leur salaire.

Je demande encore aux partisans de la prestation en nature s'ils croient facile, ou même possible, de faire travailler avec bonne volonté un malheureux père de famille qu'on ne paie pas de sa peine. Non, il n'est pas dans l'ordre naturel des choses qu'un homme, qui trop souvent, hélas!

n'a que ses bras pour vivre lui et ses enfans, se
rendé avec zèle à la tâche gratis qui lui est assignée? Mon expérience comme commissaire-
voyer m'a convaincu que non seulement les
contribuables en butte à la misère n'obéissaient
pas aux ordres du maire, mais encore que la
manière dont leurs travaux étaient faits se res-
sentaient visiblement, par leur mauvaise confection, de la précipitation et du peu de soins
d'un travail forcé.

Cette même expérience m'apprend aussi qu'il
est impossible à un maire ou à un commissaire-
voyer de faire concourir à la prestation en nature les contribuables qui sont dépourvus de
toute espèce de propriété; en effet où trouver la
garantie contre leur désobéissance, puisqu'ils
n'ont absolument rien. Cet inconvénient dispa-
raîtra si la loi ordonne de faire remplacer ladite
prestation par l'impôt local de 5 centimes, car
pour si pauvre que soit un contribuable, il paie
toujours de rigueur sa contribution personnelle
et mobilière. Voici un exemple à l'appui de mon
système, et auquel je défie de répondre. Un contribuable dans le dénuement est regardé dans la
distribution de la prestation en nature comme simple manœuvre. Le minimum qu'on puisse lui
donner est une toise en longueur de chemin à faire
ou à réparer. Cette toise, soit par sa largeur ainsi
que par la confection des fossés, et l'empierre-

ment de l'horizon de la route, vaut au moins deux fr. Eh bien, ce même individu qui, vu sa misère, ne paie au plus que trois francs d'impositions, n'aura à donner pour sa part à l'impôt proposé que 15 *centimes ou 3 sols*. Je demande au plus incrédule quel est le malheureux contribuable qui ne préfère pas donner trois sols, au lieu d'aller travailler (souvent deux journées entières) pour parfaire sa tâche que l'éloignement des matériaux propres à l'empierrement force en effet à les donner quelques fois. Je n'insisterai pas plus long-temps sur l'exigence attachée à l'un et le grand soulagement procuré par l'autre. Ce serait vouloir nier la lumière.

Il me semble entendre ces grands théoriciens qui n'ont jamais habité les champs dire que les maires et commissaires-voyers doivent se servir de leur plus ou moins grande influence sur les administrés pour les déterminer à se rendre aux appels que leur adresse l'autorité locale, pour se livrer aux travaux de la vicinalité. Je répondrai à ces messieurs que tout a un terme; que tout s'use, même la confiance, comme la considération les mieux méritées, et qu'il n'est pas toujours aisé de faire entendre raison aux habitans des communes rurales qu'on travaille dans leur seul intérêt, malgré l'évidence de la chose. Au reste, il faut dire aussi que les chemins une fois terminés, ils en sont enchantés. Quel est en

effet le propriétaire de ce département qui ne se
rappelle avec autant de vénération que de reconnaissance la mémoire de notre illustre inten-
dant M. d'Etigny? Par combien d'injustes tribu-
lations cette honorable vie ne fut-elle pas trou-
blée? Et ce sont les petits enfans de ceux même
qui récompensèrent sa sollicitude bienfaisante
en lui jetant à la tête des pierres sur son passage
(c'est historique) qui les ont réunies en un seul
bloc pour élever la statue qui nous retrace ses
traits chéris. Je n'entrerai pas dans de plus longs
détails sur les services éminens que cet immor-
tel magistrat a rendus à notre pays. Mon cœur
sent tout ce que son auguste mémoire m'inspire
de haute estime, en m'enflammant d'une timide et
désespérante émulation; ma plume, je le sais, n'a
pas assez de force et d'entraînement pour tracer
avec des traits de feu les vertus administratives
et privées de ce grand homme.

Je viens de parler d'agens-voyers généraux et
ordinaires, et dont j'offre l'organisation dans le
chapitre suivant. Ce qui m'a encouragé à leur
faire jouer un rôle très actif dans l'intérêt de la
viabilité secondaire, c'est que par une circulaire
du ministre de l'intérieur du 30 août 1828, il
approuve et reconnaît l'utilité d'employer des
commissaires-voyers sous l'autorité des préfets
et sous-préfets, pour diriger et surveiller les travaux à faire pour les réparations des chemins

vicinaux. Le ministre a pensé avec raison, après s'être fait représenter les délibérations prises par des conseils généraux de département ainsi que les observations faites par plusieurs préfets, qu'il devait inviter ces derniers à nommer les commissaires-voyers. Il est positif que l'intervention de ces agens d'exécution seconderait puissamment, suivant le bon choix des sujets, les maires des communes rurales principalement. Leur utilité pourrait encore être efficace en facilitant par leurs avis et souvent par leurs sacrifices particuliers, les moyens d'ouvrir de nouvelles communications qui très souvent intéressent plusieurs communes. Il est certain que la création des nouvelles routes n'ont souvent pas lieu dans plusieurs localités parce qu'elles entraîneraient à des dépenses auxquelles beaucoup de communes ne pourraient se livrer. C'est donc dans ces circonstances, souvent urgentes, que les commissaires généraux dont j'ai déjà parlé s'offriraient à des actes de généreux dévouemens, soit en faisant des avances, soit même en faisant un entier abandon d'une certaine mise de fonds.

L'ensemble dans les opérations ci-dessus citées est une des conditions les plus essentielles pour arriver à une bonne viabilité secondaire, et le ministre dans cette même circulaire prouve aussi qu'il a cru que les fonctions de commissaire-voyer pourraient être exercées gratuitement par des propriétaires zélés, et jouissant dans leur localité d'une haute influence de persuasion. Je persiste donc à dire plus que jamais que ce moyen est de la plus grande et indispensable nécessité, mais en même temps je persiste aussi à ajouter qu'ils n'auront qu'un crédit plus ou moins long, si la loi ne les arme pas d'une grande force d'action coërcitive. J'observe pour la seconde fois que je raisonne, quand à présent, dans l'hypothèse que la prestation en nature serait conservée. Si j'ai réclamé de nouveau dans cet article que les maires et autres agens quelconques fussent revêtus de moyens énergiques mais justes pour se faire obéir, c'est, je le répète encore, par un pur motif de prévoyance, dans le cas où ma réclamation en suppression de prestation ne fût point accueillie par la chambre élective. Je l'ai fait aussi dans l'espérance que la loi leur donnera enfin ce que je demande avec tant d'opiniâtreté, si elle continue de vouloir ce fatal système. Alors du moins j'aurai la consolation de voir une partie de mes vœux exaucés. Si je succombe totalement, j'aurai encore celle de n'avoir rien à me reprocher et d'avoir fait connaître par ce mémoire l'expression sincère de mes bonnes intentions en faveur de la viabilité des chemins vicinaux.

OBSERVATIONS SUPPLÉMENTAIRES.

L'article 1er de la loi du 28 juillet 1824 me paraissant celui qui intéresse plus particulièrement la viabilité des communes, j'ai cru bien faire de donner ci-après une analyse succincte et particulière de ce même article qui renferme pour ainsi dire à lui seul les différentes attributions des préfets et des conseils municipaux, et résout dans beaucoup de cas des difficultés auxquelles avaient donné lieu le vague des termes émis dans plusieurs lois ainsi que dans les circulaires ministérielles interprétatives, publiées à leur égard. Je viens de dire que mon analyse serait rapide, et elle le sera en effet parce qu'il est inutile d'en présenter une détaillée lorsqu'on peut se procurer celles relatées dans plusieurs bons ouvrages sur cette matière, publiés par des avocats distingués du barreau de Paris.

La loi du 9 ventôse an 13 porte que c'est à l'administration publique à rechercher l'existence des chemins communaux; ce vague dans sa rédaction fut cause de l'erreur où tombèrent plusieurs conseils de préfecture qui crurent voir dans cet article la conséquence immédiate qu'à eux seuls appartenait la reconnaissance de la vicinalité ainsi que ses limites. Mais le conseil d'état interpréta différemment ces mots *administration publique*, et décida qu'ils désignaient les préfets seulement, ce que je crois juste et raisonnable. La loi du 28 juillet 1824 ne laisse plus aucun doute à cet égard, et c'est donc les préfets qui sont exclusivement appelés à déclarer la vicinalité des communes; ainsi lorsqu'il s'élèvera quelques contestations pour savoir si un chemin est vicinal ou bien sentier particulier, ce sera le préfet à en décider; la jurisprudence du conseil d'état et toutes ses conséquences se trouvent ainsi sanctionnées par la loi jusqu'ici régulatrice. Il suit naturellement de tout ce qu'on vient de lire, que si les préfets ont seuls le droit de reconnaître la vicinalité des communes, ils devraient par conséquent avoir celui de fixer leur largeur et leur direction. Il en était ainsi avant la publication de la loi du 28 juillet 1824 qui introduit, à ce qu'ont pensé ses auteurs, une nouvelle amélioration à la marche précédemment suivie. Elle veut que les préfets ne puissent déclarer la vicinalité que d'après les délibérations des conseils municipaux consultés à cet effet. Le système suivi sous l'empire valait mieux, selon moi, par la bonne raison qu'il était moins surchargé de formes qui souvent, sous le prétexte d'être conservatrices, ne servent au fait qu'à embrouiller les affaires. Ce mode, dis-je, permettait aux préfets de décider selon leurs consciences et propres convictions sur la plus ou moins grande

utilité d'un chemin, et souvent ils se contentaient
de prendre seulement l'avis du maire ou du commissaire-voyer. L'article 1er de la loi du 28 juillet en a donc décidé autrement; elle a cru en
l'ordonnant ainsi, faire cesser un abus, et le
motif sans doute en est respectable; mais, je le
répète, il nuit à la prompte exécution des améliorations vicinales et offre souvent matière à de
misérables chicanes, élément et apanage obligé
de certains plaideurs entêtés et de mauvaise foi.
J'avoue que je fais des vœux pour que la nouvelle loi que je réclame dégage l'autorité des
préfets de beaucoup d'entraves que celle ci-dessus citée leur a donné malgré les intentions
paternelles qui ont présidé à la plupart de ses
articles. Je serais néanmoins d'avis, par respect
pour tout sentiment de justice distributive, que
les conseils municipaux fussent appelés à donner leurs avis préalablement, dans le cas où le
caractère de vicinalité serait contesté à un chemin et que cette contestation fût portée par les
parties ou l'une d'elles, soit devant le conseil de
préfecture, soit devant les tribunaux.

Lors de la discussion qui eut lieu à la chambre
des députés, plusieurs de ses membres avaient
demandé que la loi fixât positivement les formalités à suivre, dans chaque conseil municipal,
pour la reconnaissance de la vicinalité; j'ai déjà
fait connaître précédemment mon opinion à cet

égard, en demandant que ces conseils fussent appelés à la classification des chemins regardés comme utiles, mais seulement comme renseignemens, désirant toujours pour la plus grande accélération de travaux que l'initiative appartînt seule aux préfets, présumant qu'avant que de prendre une dernière décision, ils s'entoureront de toutes les lumières et documens propres à éclairer leur religion.

Malgré que l'article 1er de la loi du 28 juillet, dont j'entretiens exclusivement le lecteur, ôte aux préfets la faculté de ne pouvoir reconnaître la vicinalité d'une commune que sur une délibération prise avant par les conseils municipaux, il est néanmoins certain que, vu l'esprit de cette même loi, ils ne sont pas définitivement liés par ces délibérations, et qu'ils peuvent dans leurs arrêtés prendre une détermination opposée, comme, par exemple, de déclarer si un chemin est vicinal, ou s'il ne l'est pas. L'instruction ministérielle d'octobre 1824 vient, au reste, à l'appui de l'esprit de la loi; elle leur recommande seulement d'user avec sagesse de leurs pouvoirs discrétionnaires, et dans le cas où les conseils municipaux auraient émis des opinions empreintes de partialité, ou bien encore s'ils avaient négligé, ou sacrifié des communications nécessaires. Enfin la loi s'est montrée prudente en leur traçant la ligne qu'ils doivent suivre pour lui donner une louable interprétation, comme une juste application.

A mon tour, j'observe que je trouve toujours quelque chose de vague dans ce conflit entre les préfets et les conseils municipaux. Il est fort difficile aux premiers de saisir au plus juste le véritable sens à donner à l'exigence de la loi; voilà pourquoi, afin de ne laisser aucun louche interprétatif, je voudrais que la loi que j'appelle à grands cris fît disparaître des nuances devenues pour ainsi dire imperceptibles dans sa bonne ou mauvaise application. Pour cela, je le dis encore, il faut qu'elle donne aux préfets une autorité forte et positive, et que, sous le rapport de viabilité vicinale, ils n'aient recours aux avis des conseils municipaux que comme des documens donnés par des pères de famille, qui font connaître au chef de l'administration départementale ce que leur amour bien entendu pour l'intérêt de la localité leur inspire.

Je dois signaler une lacune que laisse la loi du du 28 juillet; elle prescrit bien les formalités à suivre pour reconnaître la vicinalité d'un chemin; mais elle se tait sur celui ou ceux qui peuvent prendre l'initiative de demander et faire constater sa reconnaissance. Un vieux axiôme dit que *l'intérêt est la mesure des actions*. Ainsi, il s'en suivrait de cette sentence incontestable l'induction naturelle que tout le monde généralement comme le plus simple habitant, ont le droit de provoquer cette reconnaissance.

Il était indispensable, sans doute, de faire connaître aux maires et conseils municipaux les formalités nécessaires à remplir pour procéder à la reconnaissance des chemins vicinaux; mais ce n'était pas suffisant, car il fallait encore établir les règles qui servissent de régulateur à cette opération. La loi du 28 juillet me paraît être dans cette circonstance d'un laconisme *étudié;* elle a voulu éviter sans doute le dédale des interprétations judiciaires; mais d'un autre côté, elle ouvre une vaste carrière à d'éternelles subtilités. Pourquoi ne pas être claire et précise en donnant à l'autorité compétente des moyens simples et faciles de parvenir à un bon résultat. Ainsi que je l'ai dit ci-dessus, l'intérêt est le mobile des actions humaines, et si un maire ou un conseil municipal faisait une mauvaise classification vicinale, vous entendriez bientôt l'opinion publique en faire justice. Avant tout, reconnaissons le bon sens du peuple....! Pour revenir à mon sujet, j'observe que la loi du 6 octobre 1791 dit bien «que les chemins, reconnus par le directoire du «district pour être nécessaires à la communica- «tion des paroisses, seront entretenus aux dé- «pens des communes, sur le territoire desquelles «ils sont établis.» Ainsi, il est manifeste que rien n'est changé dans l'application de cette partie de la législation concernant les règles principales de la viabilité publique. Celles relatives à leurs définitions sont les mêmes aujourd'hui et prouvent incontestablement qu'on doit partir de ce principe général : *Doit être considéré comme chemin vicinal celui qui a été positivement reconnu comme utile et indispensable pour assurer la communication des communes.* Il me paraît aussi non équivoque que l'esprit de la loi, comme son but, a été de laisser aux administrations locales la plus grande latitude, pour assurer la fixation desdits chemins. On doit donc ranger au nombre des chemins communaux ceux qui conduisent d'une commune à une autre, à un village, à un marché, à un port quelconque, etc.; en un mot, tous ceux qui appartiennent à une commune et qui sont nécessaires à ses relations commerciales ou autres.

L'article 6 de la loi du 9 ventôse an 13 portait que la largeur des chemins vicinaux n'excéderait pas celle de six mètres (18 pieds), non compris les fossés, et sans pouvoir réduire celles qui existent à ce taux. Ainsi, cet article, qui est encore en vigueur (mais bien peu respecté), ne déroge en rien à la loi du 28 juillet 1824, et j'en demande le maintien plus que jamais; cependant, il est juste de dire, dans l'intérêt de l'agriculture, que les conseils municipaux pourraient demander la réduction de cette étendue, selon la plus ou moins grande utilité reconnue des communications. Je les invite néanmoins à en agir avec beaucoup de prudence, sous ce rapport, comme j'invite messieurs les préfets, avant d'avoir égard à ces sortes de réclamations en diminution de largeur, de bien s'assurer si un intérêt mal entendu des communes ne les faisait pas agir. C'est dans ce cas que l'emploi des agens-voyers ordinaires serait utile. Je dois ajouter, quoique à regret, qu'en général les habitans des campagnes trouvent toujours les chemins assez larges. C'est à l'administration supérieure à veiller à leurs propres avantages, qu'ils sacrifient toujours à l'impulsion du moment.

Quant aux limites à donner dans leur largeur, je reproduirai, pour la dernière fois, ce que j'ai déjà exprimé dans le cours de ce Mémoire. Je me range, avec un bien vif empressement, à l'opinion manifestée à la chambre élective par l'honorable M. de Beaumont, dans la séance du 2 juillet 1824. «On vous apporte, disait-il, des projets de lois qui ne sont que la suite et les complémens des lois déjà existantes, et auxquelles on nous renvoie sans cesse. On en fait de même pour fixer la largeur des chemins à celles qui ne sont pas abrogées, mais qui sont loin d'être suffisantes. Ces lois veulent qu'on recherche les empiétemens déjà faits, qu'on en exige la restitution; et que là où l'on ne pourra pas prouver qu'il y a eu usurpation, on ne

pourra procéder à l'élargissement du chemin qu'a-
près avoir indemnisé le propriétaire. » Ce loyal
député ajouta, avec la conviction d'un honnête
homme, que ces enquêtes étaient illusoires; qu'elles ne produiraient aucun résultat, parce que
ces envahissemens étaient, la plupart, anciens,
ayant eu lieu progressivement par l'effet des éboulemens des tertres, ainsi que je l'ai précédemment dit dans ce Mémoire. A la suite de son
exorde, il fait encore un raisonnement aussi judi-
cieux que décisif, que je crois devoir faire connaître en partie. «Les chemins, dit-il, ont été faits
«pour pouvoir s'en servir; ils ont été faits pour que
«deux charrettes, voyageant en sens contraires,
«pussent passer l'une à côté de l'autre; donc ceux
«des chemins qui sont aujourd'hui tellement
«étroits, qu'ils sont à peine viables pour une seule
«charrette, ont été mis dans cet état par les enva-
«hissemens successifs des propriétaires riverains,
«et là où par le témoignage des anciens, par la di-
«rection des vieilles souches qui forment les haies,
«ou par d'autres moyens encore, on ne pourra
«pas parvenir à découvrir de quel côté vient
«l'envahissement, j'obligerais les deux proprié-
«taires riverains à contribuer également à rendre
«au chemin sa largeur primitive; car, si les com-
«munes étaient obligées d'acheter tout le terrain
«nécessaire pour donner à leurs chemins la lar-
«geur convenable, jamais elles ne seraient assez

«riches.» Voilà qui est clair, précis et de toute justice; honneur, mille fois honneur à cet estimable député : son amour bien entendu pour l'intérêt public ne peut être équivoque.

Dans sa réplique, M. le rapporteur de la commission avoue que plusieurs conseils généraux ont exprimé les mêmes vœux que l'honorable M. de Beaumont, en demandant que tous les anciens envahissemens fussent repris sans indemnité; il avoue même que cela *serait peut-être utile*. Prenons-en acte!..... Comme il est facile de s'en convaincre, la prescriptibilité des chemins est reconnue dans leurs limites par le code civil; et M. de Beaumont était très conséquent avec lui-même, lorsqu'il disait à la chambre que du moment que les empiétemens faits par les riverains étaient reconnus, soit par les témoignages des vieillards, ou par les vieux arbres, ils devaient être restitués.

Il voulait de même que, si l'on ne pouvait parvenir à découvrir l'empiétement, chaque riverain fût tenu également sans indemnité de rendre au chemin la largeur voulue. Ceci n'est que la conséquence de l'opinion émise par M. de Beaumont; ainsi je ne puis faire une répétition inutile. Je déclare que je m'estime très heureux de partager la manière de voir de cet honorable mandataire, sur laquelle je ne reviendrai pas, puisque préalablement j'ai émis la même conviction, avant d'avoir connu la sienne. Que le lecteur m'excuse, si j'ai tant insisté sur cet article des empiétemens; mais, je le répète, c'est là l'écueil des administrateurs pour obtenir les élargissemens indispensables à la voie publique.

On pourra peut-être m'objecter (et je m'y attends) que les propriétaires d'anciens empiétemens diront : Mais la prescription...! Je connais toute la portée de cette *patronne du genre humain.* Tout ce que je puis répondre pour le moment, c'est que j'appelle de tous mes vœux une explication formelle de la loi, qui assimile les chemins vicinaux aux grandes routes : c'est-à-dire, que l'ordonnance de Blois du 4 mai 1624 soit applicable aux uns comme aux autres. Cette ordonnance reconnaissait que les terrains, qui avaient appartenu aux grands chemins, ont toujours été regardés comme imprescriptibles, parce qu'ils avaient été soustraits au commerce. Je ne vois pas de raison pour que ma demande ne soit pas écoutée favorablement; car je parle dans l'intérêt futur des chemins vicinaux; j'insiste donc pour que cette assimilation soit ordonnée par la loi.

Je bornerai là mes investigations et mes souhaits par respect pour notre code civil, qui permet l'application de la precription pour les chemins vicinaux, comme pour les autres biens communaux. Ce chef-d'œuvre de la législation de l'empire est sans doute notre grand régulateur; mais ce que les sages de cette époque (à jamais glorieuse sous tant de rapports) ont regardé comme une institution utile, ne pourrait-il pas aujourd'hui éprouver quelque modification de la part de nos législateurs modernes. Si les propriétés subissent cette loi de la prescription, pourquoi la raison humaine dans certains cas supporterait-elle le même joug, en se livrant ainsi aux erreurs de l'intelligence.

Je prie le lecteur de me pardonner les observations supplémentaires ci-dessus ; elles auraient peut-être dû se fondre précédemment dans le cours de ce mémoire. Mais dans la réflexion, j'ai cru ne pouvoir me dispenser de présenter encore une analyse rapide et raisonnée de cet article Ier de la loi du 28 juillet 1824. Il m'a paru essentiel, dis-je, de parler de nouveau des attributions données ou à donner aux préfets. On a pu s'apercevoir combien j'attache de l'importance à ce que les grands fonctionnaires fussent revêtus, à cet égard, d'une haute initiative. Ma conviction, en parlant ainsi, est positivement que je voudrais éviter autant que possible les discussions judiciaires dont les lenteurs pendant le cours de l'instance sont toujours si préjudiciables à l'intérêt de la vicinalité. En un mot, je voudrais centraliser dans la personne des préfets, pour arriver à une prompte exécution, tout ce qui a trait à cette vicinalité; car je pense qu'une longue et malheureuse expérience nous prouve suffisamment qu'il faut, en toute chose, simplifier les rouages, et éviter de se jeter dans les systèmes collectifs, qui ne peuvent que nous plonger dans le désordre, vu le nombre des voix à consulter, et des intérêts divers à concilier.

Il serait dans l'ordre comme dans l'intérêt même de la bonne viabilité, que la police des routes cantonnales et chemins vicinaux appartînt aux agens-voyers-généraux et particuliers, comme elle appartient de droit aux maires et adjoints. Lorsque quelqu'un d'entre eux jugera convenable de proposer au préfet (selon la plus ou moins grande importance des communications), soit un nouveau tracé de route, soit un plus grand élargissement à donner à un chemin déjà existant, si c'est un agent-voyer vérificateur ou ordinaire, il en donnerait connaissance à l'inspecteur de l'arrondissement dans un rapport très détaillé; celui-ci le transmettrait avec ses observations à l'inspecteur général qui en référerait toujours au préfet avec son opinion motivée; il attendra les ordres de ce dernier pour y donner suite si ladite amélioration est approuvée par lui. Dans le cas contraire, elle serait regardée comme non avenue. Il serait aussi conséquent d'ajouter par suite de ce que je viens de dire, que si les agens-voyers généraux ou autres s'apercevaient des négligences apportées de la part de quelques maires qui auraient retardé ou même interrompu les ré-

parations ordonnées sur les routes cantonnales
où chemins vicinaux, ils devraient, dis-je, être
autorisés par loi d'en faire leurs rapports dans
l'ordre hiérarchique précédemment établi entre
eux, lesquels rapports seraient de suite soumis en
dernier ressort à la haute initiative du préfet.

Dans la proposition que je viens de faire pour
établir des commissaires-généraux-voyers on peut
se convaincre facilement que je veux y intéresser
la grande propriété, puisque je demande spécialement que leurs fonctions soient toutes *gratuites*.
Ce genre d'emploi nécessiterait en effet des dépla-
cemens plus ou moins fréquens, et occasionne-
raient des dépenses à faire, sans nulle indemnité
par conséquent. C'est dans le besoin qu'éprouve
tout homme de bien de se rendre utile à la société
que ces agens-généraux trouveraient, j'en suis
certain, la plus douce récompense de leurs sacrifices. Il ne viendrait dans la pensée d'aucun contribuable, pour si susceptible qu'il pût être, de
soupçonner de tels fonctionnaires ; car leur position particulière et la bonne éducation qui, généralement parlant, en est une conséquence naturelle, doit nécessairement éloigner toute idée fâ-
cheuse de partialité, qui serait l'injustice.

En proposant d'établir près de chaque préfet un
comité supérieur de vicinalité départementale, j'ai
eu un nouveau motif encore dont le résultat serait
fort utile à ces premiers fonctionnaires : c'est celui

de leur alléger de beaucoup le poids de cette portion si importante de leur administration. Le préfet étant de droit comme de fait le chef immédiat de toutes les branches administratives de son département, il lui serait facile de donner plus ou moins d'intensité aux travaux de ce comité supérieur de viabilité; il pourrait seul en un mot lui donner aussi plus ou moins d'importance, selon le degré d'utilité qu'il reconnaîtrait dans l'application des actes qu'il soumettrait à ses délibérations, et auxquelles il donnerait toujours l'impulsion qui lui conviendrait.

Si le vœu que je viens d'émettre était exaucé, il n'est pas assurément un préfet qui ne fût convaincu combien il serait essentiel de choisir pour commissaires-généraux-voyers des hommes qui, par leur considération personnelle, leur position sociale, et les garanties qu'ils auraient données par leur conduite politique, jouissent à juste titre de cette haute estime publique, compagne inséparable des fonctions honorables dont elles sont l'appui comme le plus bel ornement.

COMITÉ SUPÉRIEUR

DE

VICINALITÉ DÉPARTEMENTALE.

ARTICLE PREMIER.

Il y aurait par département, sous l'autorité immédiate du préfet, un comité supérieur de vicinalité départementale, composé ainsi qu'il suit :

Du préfet, président, d'un inspecteur général voyer, pour tout le département, qui présiderait ledit comité en l'absence du préfet, ou lorsque ce dernier le jugerait convenable; plus d'un inspecteur par arrondissement avec ce titre. Ce comité s'assemblerait de rigueur sur l'ordre du préfet, quelques jours avant la session du conseil général, afin d'être à même de pouvoir lui présenter, par l'organe du préfet, les plans et autres améliorations nécessaires, soit pour ouvrir de nouvelles communications, soit pour leur entretien ou réparations. Le préfet pourrait néanmoins convoquer ce comité supérieur toutes les fois qu'il le croirait utile.

Art. 2.

L'inspecteur général voyer du département devra y être résidant et propriétaire. Il aurait, sous ses ordres et sa surveillance, les inspecteurs particuliers attachés à chaque arrondissement, ainsi que tous les autres agens-voyers quelconques. Il ne recevrait les ordres que du préfet, et serait tenu d'obtempérer à son appel, lorsque ce haut fonctionnaire le jugerait convenable pour le bien du service. L'inspecteur général pourrait, dans ce même intérêt, appeler près de lui les inspecteurs des arrondissemens, et faire, lorsqu'il le croirait nécessaire, mais avec le consentement du préfet, une ou plusieurs inspections dans le département. Il correspondrait directement, selon les circonstances, soit avec les agens voyers vérificateurs (dont il va être parlé), soit avec les agens voyers ordinaires qui seraient attachés à chaque canton.

Art. 3.

Il y aurait, par arrondissement de sous-préfecture, un inspecteur voyer particulier de la vicinalité. Il serait tenu d'être résidant et propriétaire dans ledit arrondissement. Il correspondrait directement avec l'inspecteur général et le sous-préfet, et leur rendrait un compte exact (au moins une fois par an) de tous les travaux de vicinalité faits ou à faire dans son arrondissement. Il ne pourrait correspondre avec le préfet que par l'intermédiaire de l'inspecteur général, pour ce qui a rapport auxdites fonctions. Les rapports, concernant les travaux dont on vient de parler, devraient être adressés à l'inspecteur général, principalement vers le 15 juin, époque où sont ordinairement terminées les améliorations faites sur les chemins communaux. L'inspecteur de l'arrondissement pourrait, avec l'autorisation de l'inspecteur général, appeler en comité particulier, à la sous-préfecture ou chez lui, les agens voyers vérificateurs et agens voyers ordinaires près chaque canton, qui seraient naturellement sous ses ordres, et sur lesquels il exercerait une haute surveillance. Dans ce comité particulier, il vérifierait les rapports que lui feraient ces différens agens, et en rendrait compte à l'inspecteur général, qui les transmettrait au préfet. Cet inspecteur particulier serait tenu de faire des inspections dans son arrondissement. Il serait utile qu'il eût la facilité de présenter à la nomination de l'inspecteur général du département (avec l'approbation du préfet) cel'e des commissaires surveillans dont les fonctions seraient aussi gratuites, et qu'on pourrait considérer comme un *agent intermédiaire* entre l'inspecteur d'arrondissement et les agens voyers vérificateurs (s'ils étaient créés), mais du moins avec les agens voyers ordinaires près de chaque

canton, dont l'existence est indispensable, si
mon plan est approuvé. Cet inspecteur demeure-
rait responsable du bon choix de ces surveillans,
qui devraient être choisis parmi les propriétaires
zélés et intelligens. L'inspecteur pourrait leur
donner une ou plusieurs communes, selon leur
étendue, qui seraient spécialement soumises à
leur surveillance. Ils correspondraient avec lui
et feraient en sorte de toujours s'entendre avec
les agens voyers ordinaires : car il serait très
essentiel, dans l'intérêt de la viabilité, que ces
divers agens se prétassent un mutuel secours.

Art. 4.

Il serait créé par arrondissement un ou deux
agens-voyers vérificateurs aux appointemens de...
chargés de surveiller et vérifier la direction
comme la bonne confection des travaux qu'auraient fait faire les agens-voyers ordinaires dans
chacun de leurs cantons respectifs. Ils en ren-
draient compte dans leurs rapports à l'inspecteur
de l'arrondissement qui les enverraient immé-
diatement à l'inspecteur général. Ces agens vérificateurs pourraient être appelés par le préfet
seulement près le comité supérieur pour y fournir des renseignemens. Néanmoins, je crois devoir ajouter comme observations que je ne tiens
pas à la création de ces agens vérificateurs; ainsi,

à la rigueur, cet article les concernant pourrait
être considéré comme non avenu.

Art. 5.

Il serait *de toute nécessité* qu'il fût créé près
de chaque canton un agent-voyer ordinaire aux
appointemens de..... qui y serait exclusivement
attaché et y résidant. Il serait chargé, sous la
surveillance de l'agent-voyer vérificateur, mais
du moins sous celle directement de l'inspecteur
de l'arrondissement de tous les travaux et direc-
tions à faire et à donner, tant sur les routes cantonnales que sur les chemins communaux dans
ledit canton. Cependant s'il le jugeait nécessaire (et que les agens vérificateurs fussent établis), ils pourraient correspondre sans intermédiaires avec l'inspecteur de l'arrondissement et
le sous-préfet. On a dû remarquer que je m'abs-
tiens d'assigner une quotité quelconque pour les
appointemens de ces agens-voyers ordinaires;
c'est au ministre à les fixer, si du moins mon mémoire est accueilli.

Art. 6.

Les fonctions d'inspecteur général de département et celles d'inspecteurs d'arrondissement
seraient purement *gratuites*. Les préfets présen-
teraient les candidats au ministre et recevraient

✳✳✳✳✳

leurs sermens. Ils pourraient momentanément
les suspendre, si ces agens-voyers généraux ne
remplissaient pas leurs devoirs.

———⊷———

CONCLUSIONS.

Voilà ce que j'avais à dire dans le seul intérêt
de la vicinalité publique. En publiant ce mémoire, j'ai plus consulté le désir qui me presse
d'obtenir des moyens coërcitifs pour arriver à de
bons résultats, que mes faibles talens dans l'art
difficile d'en exprimer les avantages. Si la pro-
vidence m'a refusé ceux qui sont indispensables
pour bien écrire, je n'aurai rien à me reprocher,
car j'ai cherché à me faire comprendre avec
clarté en mettant ce tableau à la portée de tout
le monde. Puisse ma narration, dépouillée de
toute prétention, inspirer quelque intérêt malgré
sa rapidité.

La loi que je demande étant la réformatrice de
celle du 28 juillet 1824, mérite une sérieuse attention par le besoin journalier et général qui y
est attaché. Il ne m'appartient pas d'en ensei-
gner à nos mandataires près la chambre élective
les parties organiques si essentielles à sa confection; ils n'ont pas besoin des conseils de mon
inexpérience, mais du moins j'en aurai marqué

dans cet écrit l'esquisse des principaux articles, semblable à ce légiste inconnu qui grava d'une main timide son nom ignoré sur le monument érigé par la reconnaissance publique au grand législateur d'Athènes.

NOTE.

J'ai oublié dans le cours de mon Mémoire de demander l'établissement de cantonniers sur les routes cantonnales, lesquels seraient payés par les communes que traverseraient ces routes. Je regarde cette innovation comme très essentielle dans son application; car il me paraît évident que si les chemins vicinaux sont dans un état permanent de dégradation, c'est faute d'avoir des cantonniers qui réparent au fur et à mesure les dégâts que peuvent faire les innondations partielles, et surtout les orages qui enlèvent les terres et comblent les fossés. C'est parce que ces ravages ne sont pas promptement réparés que la viabilité publique, quant aux chemins communaux, est dans un état vraiment alarmant.

On pourrait établir un cantonnier par chaque myriamètre.

FIN.